방정환

방정환

유타루 글 이경석 그림

비룡소

땡땡 수업 시작을 알리는 종이 울렸어요. 친구들과 우당탕 장난을 치던 정환이는 얼른 제자리에 앉았어요.

선생님이 칠판에 분필로 '바른말, 고운 말'이라고 쓰고는 물었어요.

"말에는 사람의 마음이 담겨 있단다. 말을 할 때는 어떻게 해야 할까?"

"예쁘고 상냥하게 말해야 해요!"

"어른에게 높임말을 써야 해요!"

아이들이 앞다투어 대답했어요.

"그래, 말할 때는 항상 상냥하고 공손하게, 바르고 고운 말을 골라 써야 한단다."

그때 정환이가 자리에서 벌떡 일어나 물었어요.

"선생님, 그런데 왜 어른들은 우리한테 애새끼, 애놈이라고 하는 거죠?"

"그게 어때서? 다들 그렇게 부르잖니?"

선생님이 고개를 갸우뚱하며 말했어요.

옛날에는 어른들이 아이들을 '애새끼', '애놈', '아들놈', '딸년' 하고 불렀어요. 그렇게 말하는 어른들도, 듣는 아이들도 아무도 그걸 상스럽다거나 욕으로 생각하지 않았지요. 조그만 아이들은 존중할 필요가 없다고 생각했거든요.

"'놈'은 도둑놈, 강도 놈 할 때 붙이는 말이잖아요. '새끼'라는 말도 저 새끼, 나쁜 새끼처럼 욕할 때 쓰는 말이고요. 그러니까 어른들이 우리한테 '놈'이니 '새끼'니 하는 건 옳지 않은 것 같아요."

정환이가 또박또박 말했어요.

선생님은 할 말을 잊고 정환이를 물끄러미 바라보았어요.
　'장난만 치는 줄 알았더니 언제 저런 생각을 다 했을까. 신통하기도 하지…….'

수업이 끝나자마자 정환이는 교실 밖으로 뛰쳐나갔어요. 교문 앞에서 한 무리의 아이들이 정환이를 기다리고 있었어요.

 "정환아, 어제 하다 만 얘기 좀 마저 해 줘. 궁금해 죽겠어."

 아이들이 정환이를 둘러싸고 졸랐어요.

정환이는 이야기를 재미있게 잘하는 재주가 있었어요. 새로운 이야기도 잘 지어냈어요. 그래서 친구들뿐 아니라 동생, 형, 누나들에게도 인기가 많았지요.

아이들은 쪼그리고 앉아 정환이가 이야기를 시작하기만을 기다렸어요.
"토끼는 구름을 절구에 넣고 쿵쿵 찧었어. 별도 몇 개 따다 넣었지."
정환이가 발을 쿵쿵 구르며 절구 찧는 시늉을 했어요. 아이들은 점점 정환이의 이야기에 빠져들었어요.

 "토끼는 구름과 별을 찧어 사탕을 만들었어. 솜처럼 부드럽고 말랑말랑한 사탕."
 아이들은 보드랍고 말캉한 구름 사탕을 상상하며 침을 꿀꺽 삼켰어요.
 "그런데 토끼가 사탕을 맛보려고 하나를 막 집어 들었을 때야. 갑자기 된바람이 불기 시작했어."
 정환이가 횡, 휘이잉 바람 소리를 냈어요.

"아휴, 아까워라. 구름 사탕이 다 날아간 거야?"
여자아이 하나가 얼굴을 찡그리며 물었어요.
"아니, 사탕은 작은 솜덩이처럼 흩어져서는 함박눈이 되어 펑펑 내렸어."
정환이가 이야기를 마치자, 기다렸다는 듯이 하늘에서 커다란 눈송이들이 날렸어요.
"와, 눈이다, 구름 사탕이다!"
아이들이 환호성을 질렀어요. 정환이도 신이 나서 눈 속을 깡충깡충 뛰어다녔지요.

 정환이가 열 살 되던 해, 정환이네 집에 큰 불행이 닥쳤어요. 작은할아버지가 진 빚을 갚느라 온 집안이 빈털터리가 된 거예요. 정환이네는 게딱지만 한 집으로 이사를 갔어요.

 하지만 정환이는 여전히 씩씩했어요. 전학을 간 미동 보통학교에서 정환이는 친구들과 '소년 입지회'라는 모임을 만들어 사이좋게 지냈어요. 함께 공부하며 잘 모르는 것은 서로 가르쳐 주고, 의견이 다른 일에 대해서는 토론을 하기도 했지요.

소년 입지회를 통해 정환이는 우리나라가 처한 현실에도 관심을 갖게 되었어요.
　그 무렵 우리나라는 무척 어려운 처지에 놓여 있었어요. 호시탐탐 우리나라를 노리던 일본이 총칼을 앞세워 우리나라를 빼앗은 거예요.
　"왜 우리나라에서 일본 사람들이 제멋대로 행동하는 거지?"
　"여기는 우리나란데, 일본 사람이 우리나라 사람을 때려도 하소연할 데가 없다니, 말도 안 돼!"
　친구들과 이런 이야기를 할 때면 정환이는 저도 모르게 주먹을 불끈 쥐었어요.

　열다섯 살에 정환이는 미동 보통학교를 졸업했어요. 하지만 집안 형편이 어려워 중학교에 갈 수 없었지요.
　다행히 선린 상업 학교에 들어갔지만, 그나마도 금방 그만둬야 했어요. 어머니가 병으로 자리에 누우셨거든요.

정환이는 학교를 그만두고 토지 조사국에서 일했어요. 토지 조사국은 일본이 우리나라 땅을 제멋대로 빼앗기 위해 만든 곳이었어요.

'우리 땅을 멋대로 뺏다니, 나쁜 일본 놈들!'

일본이 우리나라 사람들의 땅과 재산을 억지로 제 것으로 할 때마다 정환이는 화가 끓어올랐어요.

'앞으로 우리나라는 어떻게 될까? 일본에 빼앗긴 나라를 되찾기 위해 나는 무엇을 해야 할까?'

1917년에 방정환은 독립운동가 손병희 선생의 딸 손용화와 결혼했어요. 손병희 선생은 사위 방정환에게 큰 기대를 걸었어요.

　'방정환의 눈에는 열정이 있어. 나라와 민족을 위해 큰일을 할 거야.'

　결혼한 지 얼마 안 되어 방정환은 뜻이 맞는 친구들과 '청년 구락부'라는 모임을 만들었어요. 일본에 빼앗긴 나라를 되찾고, 우리 민족의 얼을 지키려는 모임이었지요.

청년 구락부의 회원이 점점 늘어나 이백여 명에 이르자, 일본 경찰이 방정환을 감시하기 시작했어요.
하지만 방정환은 조금도 두려워하지 않았어요. 오히려 청년 구락부 활동을 널리 알리기 위해《신청년》이라는 잡지를 펴내고,「동원령」이라는 연극도 무대에 올렸지요.

방정환이 직접 각본을 쓰고 연기한 「동원령」은 일본의 괴롭힘을 견디다 못해 정든 고향을 떠나야 했던 우리나라 사람들의 아픔을 담은 연극이었어요.

연극을 본 사람들은 하나같이 눈물을 훔쳤어요. 그리고 우리 민족이 처한 현실을 곱씹으며 걱정했지요.

"연극을 보다가 우리 친척들 생각이 나서 울컥했지 뭐야. 낯선 땅에서 밥이나 먹고 사는지……."

방정환은 관객들과 함께 눈물을 흘리며 아픔을 나누었어요.

일본 놈들 등쌀에 고향을 떠나야 하다니……. 차마 발걸음이 떨어지지가 않는구나.

1919년 3월 1일, 삼일 운동이 일어났어요. 일본의 식민 지배를 벗어나고자 하는 우리나라 사람들의 바람이 한데 모여 폭발한 거예요.
  보성 전문학교(지금의 고려 대학교)에 다니던 방정환은 태극기를 손에 들고 거리로 뛰쳐나갔어요.
  "대한 독립 만세! 대한 독립 만세!"
  방정환은 거리를 가득 메운 사람들과 함께 소리 높여 만세를 외쳤어요.

삼일 운동에 놀란 일본 경찰과 군대는 우리나라 사람들에게 마구잡이로 총칼을 휘둘렀어요. 수많은 사람들이 붙잡혀 감옥에 갇히고 매질과 고문을 당했지요.

방정환은 삼일 운동의 정신을 이을 방법이 없을까 고민했어요. 삼일 운동으로 희생된 사람들을 위해서도 이대로 일본에 굴복할 수는 없었어요. 고민 끝에 방정환은 우선 삼일 운동 이후 나오지 못하게 된 보성 전문학교의 학교 신문인 《조선독립신문》을 다시 펴내기로 했어요.

방정환은 일본 경찰의 눈을 피해 자기 집 뒷방에서 몰래몰래 《조선독립신문》을 만들었어요. 각 지방에 있는 학생들이 보내오는 독립운동 소식뿐 아니라, 무전기를 가진 선교사들이 전하는 외국 소식도 담았지요.

그러던 어느 날, 갑자기 일본 경찰이 방정환의 집에 들이닥쳤어요. 방정환이 《조선독립신문》을 만든다는 걸 눈치챈 거예요.

방정환은 당황한 청년 구락부 회원들을 안심시키고, 신문을 만드는 데 쓰던 등사판과 종이를 재빨리 우물 안으로 던졌어요.

일본 경찰은 온 집 안을 샅샅이 뒤졌지만, 증거가 될 만한 것을 찾지 못했어요. 그런데도 그들은 방정환을 경찰서로 끌고 갔어요.

"바른대로 말해라! 네놈이《조선독립신문》을 만들었지!"

방정환은 정신을 잃을 정도로 심하게 매를 맞으면서도 끝까지 입을 열지 않았어요.

'여기서 내가 굴복하면 동지들이 무사하지 못해.'

일본 경찰은 끝내 방정환에게서 아무런 말도 들을 수 없었어요.

일주일 만에 상처투성이가 되어 돌아온 방정환은 다시 묵묵히《조선독립신문》을 만들었어요.

아픈 몸을 추스르는 동안 방정환은 지난 일들을 찬찬히 돌아보았어요.

'일본에 힘으로 맞서는 데는 한계가 있어. 우리나라를 위해 나는 무엇을 해야 할까?'

방정환의 고민은 깊어만 갔어요.

'십 년 후 이 나라의 주인이 될 사람은 아이들이야. 우리나라의 미래가 아이들에게 달려 있는 거야. 그렇다면 아이들을 바르고 튼튼하게 키우는 것이야말로 내가 해야 할 일 아닐까? 지금 당장은 독립을 할 수 없더라도 아이들이 이 땅의 주인이 될 미래에는 꼭 일본으로부터 나라를 되찾을 수 있도록 말이야.'

아이들을 위해 평생을 바치기로 결심한 방정환은 일본으로 유학을 떠났어요. 우리보다 문물이 발달한 일본에서는 아이들을 어떻게 대하고 가르치는지 보고 싶었거든요.

　방정환은 도요 대학에서 아동 예술과 아동 심리학을 공부했어요.
　'아이들은 아직 어리고 힘이 없지만, 그들에게도 인간으로서 누려야 할 권리가 있어.'
　책을 읽고 공부를 할수록 방정환은 가슴이 뜨거워졌어요.

1921년 여름 방학을 맞아 서울로 돌아온 방정환은 '천도교 소년회'를 만들어 소년 운동을 펼쳤어요.

"아이들은 어른의 소유물이 아닙니다. 말이나 소처럼 부려서는 안 됩니다. 아이들에게 사랑을 베풀고, 아이들의 인격을 존중해야 합니다. 존중받으며 자란 아이가 다른 사람도 존중하는 법입니다."

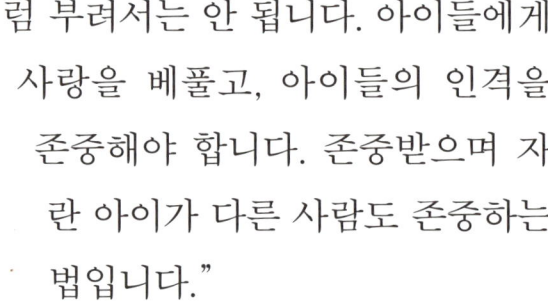

방정환의 간절한 외침에 아이들을 물건 다루듯 함부로 대하던 사람들이 조금씩 달라지기 시작했어요.

하지만 방정환을 못마땅하게 여기는 사람도 많았어요.

"아니, 어른더러 아이에게 높임말을 하라니, 그게 무슨 헛소리야!"

"암, 아이에게 높임말을 했다가는 어른과 아이의 구별이 없어질 게 아닌가."

그래도 방정환은 소년 운동을 멈추지 않았어요. 아이들을 존중하고 사랑하는 것만이 우리나라의 미래를 위한 길이라고 믿었거든요.

방정환은 일본에서 공부를 계속하는 한편, 방학 때마다 우리나라로 돌아와 소년 운동을 벌였어요.

공부하랴 소년 운동하랴 바쁜 중에도 방정환은 아이들을 위한 또 다른 선물을 준비했어요.

'우리 아이들에게 아름다운 마음과 굳센 용기를 북돋워 줄 책을 만들어야겠어.'

그때까지 우리나라에는 아이들이 읽을 만한 동화가 없었어요. 방정환은 우선 외국의 동화 중 좋은 것들을 골라 소개하기로 했어요. 방정환은 도쿄 자취방에서 얼어붙은 손을 입김으로 녹여 가며 아라비안나이트와 안데르센, 그림 형제의 동화를 우리말로 옮겼지요.

　　　1922년, 마침내 방정환이 우리말로 옮기고 고쳐 쓴 『사랑의 선물』이 나왔어요. 동화를 읽어 본 적이 없던 우리나라 아이들에게 『사랑의 선물』은 아주 귀한 선물이었지요.
　"이야, 정말 재미있다!"
　"책을 읽느라 밤을 꼴딱 새웠지 뭐야."
　아이들은 『사랑의 선물』을 읽고 또 읽었어요.
　아이들이 재미있게 책을 읽는 모습에 방정환은 그간의 고생이 다 날아가는 것 같았어요.

소년 운동을 하는 내내 방정환은 아이들을 부를 마땅한 말이 없다는 것이 마음에 걸렸어요.

'아이들을 부를 좋은 말이 있어야 해. 그래야 어른들이 아이들을 함부로 대하지 않고, 아이들의 인격을 존중할 거야.'

방정환은 아이들을 뭐라고 부를까 궁리하고 또 궁리했어요.

어느 날, 무릎을 탁 칠 만한 생각이 떠올랐어요.

"어린이! 그래, '어린이'로 하면 되겠다. 젊은 사람을 '젊은이'라고 하니까, 어린 사람은 '어린이'라고 하는 거야. 어린이!"

'어린이'는 '어리다'는 말에서 나온 '어린'에다 사람을 나타내는 '이' 자를 붙인 말이었어요. 아이들을 얕잡아 부르는 '어린놈', '어린것'과는 하늘과 땅만큼 차이가 났지요.

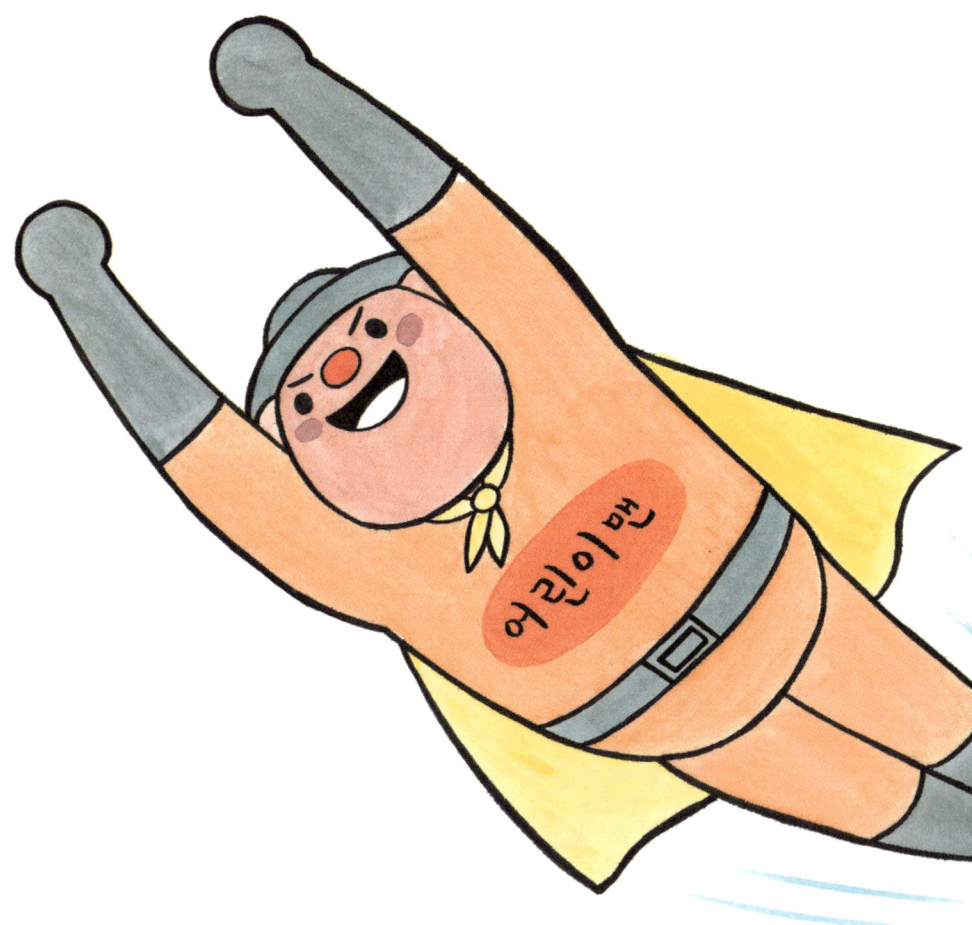

처음에는 어린이라는 말을 어색해하던 사람들도 그 말에 담긴 뜻을 알고는 모두 반겼어요.
"어린이! 어린이! 부를수록 참 좋은 말이군."
"방정환이 아니었다면 지금도 아이들을 애새끼라고 불렀을 게 아닌가."
어린이라는 말은 금세 온 나라로 퍼졌어요.

1923년 3월 1일, 방정환은 아동 잡지 《어린이》를 펴 냈어요. 아이들의 꿈과 상상력을 키워 줄 동화와 동요, 재미있는 과학 역사 사회 상식, 우리나라가 낳은 위대 한 문화유산과 인물 이야기 등을 담은 《어린이》는 말 그대로 아이들을 위한 잡지였어요.

하지만 《어린이》를 아이들에게 사 주는 어른은 거의 없었어요. 처음 얼마간 방정환은 《어린이》를 한 아름 안고 거리로 나가 아이들에게 공짜로 나누어 주었어요.
"흥, 그런다고 누가 알아주기나 하나?"
사람들의 비웃음에도 방정환은 《어린이》를 알리는 일을 멈추지 않았어요.
그렇게 몇 달이 지났어요. 갑자기 《어린이》가 날개 돋친 듯이 팔리기 시작했어요. 《어린이》를 읽은 아이들의 입에서 입으로 소문이 퍼진 거예요.

방정환은 아이들이 마음껏 부를 수 있는 동요도 만들었어요.
"날 저무는 하늘에 별이 삼 형제, 반짝반짝 정답게 비치더니……."
「형제별」은 방정환이 가사를 쓰고, 일본 사람이 곡을 쓴 동요였어요.

'우리나라 사람이 작곡했다면 더 좋았을 텐데…….'

방정환은 「형제별」을 일본 사람이 작곡했다는 게 늘 마음에 걸렸어요. 도쿄 대학에서 음악을 공부하던 윤극영을 방정환이 만난 것은 바로 그때였어요.

방정환은 윤극영에게 우리나라 아이들의 마음을 풍요롭게 만들어 줄 동요를 써 달라고 부탁했어요.

"푸른 하늘 은하수 하얀 쪽배엔 계수나무 한 나무 토끼 한 마리……."

윤극영이 가사를 쓰고 곡을 붙인 「반달」은 일본에 나라를 잃은 우리나라 사람들의 설움과 독립 의지를 담은 노래였어요. 「반달」은 금세 퍼져 나가 아이들뿐 아니라 어른들도 즐겨 부르는 노래가 되었지요.

　아이들을 향한 방정환의 사랑은 마르지 않는 샘물처럼 계속 솟아났어요. 방정환은 소년 운동을 더욱 적극적으로 펼치기 위해 새로운 모임을 만들었어요.
　모임 이름은 '색동회'로 정했어요. 어린이들이 가장 즐거워하는 명절날 입는 옷이 색동옷이기 때문이기도 했고, 나라 없는 슬픔에 웃음을 잃은 우리 아이들에게 색동처럼 아름다운 미래를 되찾아 주자는 뜻이기도 했지요.

색동회와 뜻을 같이 하는 사람들은 점점 늘었어요. 윤석중, 마해송 같은 아동 문학가와 동요 작곡가인 윤극영 등이 참여한 색동회는 우리나라 동화, 동요 작품 활동의 중심이 되었지요.

'일 년에 단 하루라도 어린이들만을 위한 날이 있다면 멋지지 않을까?'

문득 떠오른 생각에 방정환은 색동회 회원들을 불러 모았어요.

"어린이들은 우리나라의 새싹들이니, 새싹이 파릇파릇 자라나는 5월의 첫 번째 날을 어린이날로 하면 어떻겠소?"

색동회는 5월 1일을 어린이날로 정하고 기념식을 열기로 했어요.

1923년 5월 1일, 첫 번째 어린이날 기념식이 열렸어요. 식이 끝나고 천여 명의 어린이와 어른들은 다 같이 거리로 나가 어린이날을 알리는 전단을 돌렸어요.

- 어린이를 가까이하며 자주 이야기를 나눠 주십시오.

- 어린이에게 높임말을 쓰고, 늘 부드럽게 이야기해 주십시오.

- 이발이나 목욕을 때맞추어 하게끔 하고, 깨끗한 옷을 입고 다닐 수 있도록 돌보아 주십시오.

- 잠자는 것, 운동하는 것을 충분히 하게 해 주십시오.

- 산책을 종종 시켜 주시고, 소풍도 가끔 가게 해 주십시오.

- 어린이를 꾸짖을 때는 화내지 마시고 부드럽게 타일러 주십시오.

- 어린이들이 모여서 즐겁게 놀 만한 놀이터나 유익한 공간을 마련해 주십시오.

어린이날을 맞아 어른들에게 드리는 글?

전단을 읽은 어른들은 하나둘 고개를 끄덕였어요.

"맞아, 아이들은 아직 세상을 알아 가는 중이니까, 어른들이 작은 것까지 하나하나 신경 써 주고 보살피는 게 당연하지, 암."

"그러게 말이야. 그간 아이들을 너무 함부로 대했어. 장차 이 나라의 주인이 될 보물들인데……."

"앞으로는 아이가 잘못한 점만을 잘 타일러야겠어. 큰소리로 화부터 낼 일이 아니었다 싶어."

해가 거듭될수록 어린이날 기념식은 점점 성대하게 치러졌어요. 기념식이 끝나면 어린이와 어른들은 손에 손을 잡고 거리로 나섰지요.
"기쁘다 오늘 5월 1일은 우리 어린이의 명절날이네."
모두들 노래를 부르며 신나게 거리를 행진했어요. 아이들에게 어린이날은 무척이나 즐겁고 행복한 날이었지요.

일본 경찰은 이런 방정환을 눈엣가시로 여겼어요.

"조선 아이들에게 애국심과 독립심을 키워 주는 방정환을 이대로 놔둬서는 안 되겠어."

일본 경찰은 말도 안 되는 이유로 《어린이》에 실린 글을 지우거나 고쳤어요. 그 때문에 방정환은 잡지를 아예 못 낼 때도 있었어요.

　방정환은 경찰서를 제 집 드나들 듯하다가, 결국 감옥에 갇혔어요. 하지만 방정환은 감옥에서도 변함이 없었어요. 입담 좋은 이야기꾼인 방정환은 감옥에서도 사람들에게 동화를 들려주었어요. 이야기가 어찌나 실감 나고 재밌었는지, 방정환이 이야기를 시작하면 간수들까지 귀를 기울였지요.

감옥에서 풀려난 뒤 방정환은 아이들을 위해 '세계 아동 예술 전람회'를 열기로 마음먹었어요.

우리나라 아이들이 그린 그림과 세계 여러 나라의 아이들이 그린 그림을 한자리에 모아 놓고 전시회를 열기로 한 거예요.

많은 사람들이 방정환을 비웃고 손가락질했어요.

"흥, 나라를 빼앗긴 마당에 아이들을 위해 그런 큰 행사를 연다는 게 말이 돼?"

"전 세계적으로 한 번도 열린 적이 없는 큰 행사를 열겠다니, 정신이 나간 게지. 쯧쯧쯧."

하지만 방정환은 한번 뜻을 세운 일에서 결코 물러서지 않았어요.

'이건 단순한 전람회가 아니야. 우리나라 어린이들에게 세계 여러 나라의 예술 작품을 보여 주고, 나라 잃은 우리 민족의 앞날을 생각해 보게 하려는 거니까!'

1928년 10월, 마침내 서울에서 세계 아동 예술 전람회가 열렸어요.

우리나라와 세계 여러 나라 어린이들의 그림과 각국의 어린이 잡지, 장난감, 동화, 동요 등 이루 헤아릴 수 없을 만큼 다양한 물품들이 전시되었어요.

전람회를 본 사람들은 알차고 다채로운 행사 내용에 입을 다물지 못했어요.
 일주일 동안 열린 세계 아동 예술 전람회는 우리나라의 어린이들과 어른들에게 깊은 감동을 안겨 주었지요.

세계 아동 예술 전람회가 끝난 후 방정환은 시름시름 앓기 시작했어요. 그전부터 코피를 쏟거나 두통을 앓는 일이 잦았지만, 어린이들을 위해 해야 할 일이 너무도 많아서 쉴 수가 없었어요.

방정환의 병은 점점 깊어졌어요. 산소 호흡기가 없으면 숨도 쉬기 어려웠지요. 결국 1931년 7월 23일 방정환은 서른세 살의 젊은 나이로 세상을 떠났어요.

방정환이 남긴 마지막 말은 "어린이들을 부탁하오."였어요. 눈을 감는 마지막 순간까지도 방정환은 어린이들에 대한 사랑을 놓지 않았지요.

일제 강점기, 구박받고 짓밟히며 자라던 우리나라 아이들에게 방정환은 '어린이'라는 이름과, 꿈과 용기를 주는 동화와, 아이들만을 위한 어린이날을 만들어 주었어요. 지금까지도 방정환은 어린이들의 영원한 친구로 기억되고 있어요.

♣ 사진으로 보는 방정환 이야기 ♣

어린이의 영원한 친구

　방정환은 아이들도 하나의 독립된 인격을 가진 존재로 봐야 한다는 뜻에서 '어린이'라는 말을 쓸 것을 주장했어요. 아이들을 '애놈', '애새끼' 같은 말로 낮추어 부르지 말고, 늙은이, 높은 이, 착한 이처럼 '어린이'라고 부르게 한 거예요.

방정환의 사진이에요.

　그전까지는 아이가 어른을 공경하는 것이 당연하다면서, 어른은 아이의 인격을 존중하지 않고 오히려 무시하거나 하찮게 여기는 일이 많았어요. 심지어 아이를 자신의 물건처럼 여기는 어른도 있었지요.

하지만 아이들을 어린이라고 예의를 갖춰 부르면서부터 어른들이 아이들을 바라보는 눈이 많이 달라졌어요. 가장 큰 변화는 어린이를 어른과 같은 한 명의 사람이라고 여기기 시작했다는 거예요. 어린이가 어른의 일방적인 가르침에 따라 만들어지는 존재가 아니라, 스스로 생각하고 행동하며 발전할 수 있다는 걸 인정하게 된 것이지요. 단순하게 어른들이 소유하거나 보호해야 할 존재가 아니라 자신의 권리를 내세울 수 있는, 인권을 가진 사람이라는 것도요.

서울 망우리 공원에 있는 방정환의 묘비예요. 묘비에는 어린이의 마음은 천사와 같다는 뜻의 '동심여선'이라는 말이 쓰여 있지요.

1923년 5월 1일 첫 번째 어린이날에 방정환은 '어린이날의 약속'이라는 제목의 글이 담긴 전단을 뿌렸어요. 전단에 쓰인 "어린이를 내려다보지 말고 쳐다보아 주십시오."라는 글에는 어린이들을 누구보다 아끼고 사랑한 방정환의 마음이 잘 녹아 있지요.

'어린이'라는 말을 널리 알린 잡지 《어린이》

1923년 3월, 방정환은 매월 나오는 아동 잡지인 《어린이》를 펴냈어요.

《어린이》는 재미있는 동화와 동요, 과학 역사 사회 상식, 우리나라의 위대한 문화유산과 인물 이야기 등 흥미진진한 내용으로 가득했어요. 아이들이 하고 놀 만한 놀이나 연극에 대한 이야기도 자주 실렸지요. 어렵고 딱딱하고 교훈적인 내용보다는 어린이들이 진심으로 궁금해하고 알고 싶어 하는 이야기들이 더 많았어요.

《어린이》에 실린 동화와 동요는 한글로 쓰여 읽기 쉬웠어요. 그림과 사진이 많아 보는 재미가 있었지요. 방정환은 《어린이》가 식민지의 가난과 설움에 짓눌려 웃음을 잃은 우리나라 어린이들

1926년에 발행된 《어린이》 4월호의 모습이에요.

에게 희망이 되기를 바랐어요.

《어린이》는 마해송, 이원수, 윤석중 같은 아동 문학가들이 작품을 발표하는 장이기도 했어요. 우리가 잘 아는 동요 「고향의 봄」, 「까치 까치 설날」, 동화 「호랑이 곶감」, 「어머니의 선물」 등이 모두 《어린이》를 통해 세상에 나왔지요.

《어린이》를 읽는 아이들은 점점 늘어나 창간한 지 칠 년 뒤에는 독자 수가 무려 삼만여 명에 이르렀어요. 당시 웬만한 어른 잡지보다 《어린이》의 독자 수가 더 많았다고 해요.

세계 아동 예술 전람회 기념호 《어린이》예요. 《어린이》를 처음 펴낼 때만 해도 아동 잡지에 글을 써 주는 사람이 거의 없었어요. 방정환은 북극성, 물망초, 몽중인 등의 이름으로 혼자서 여러 편의 글을 써야 했지요.

뛰어난 이야기꾼 방정환

방정환은 이야기를 재미있게 잘하기로 유명했어요. 도요 대학에 다닐 무렵부터는 전국 곳곳을 돌며 강연을 하고, 어린이들에게 동화를 들려주었지요. 텔레비전이나 영화가 없던 시절, 방정환이 들려주는 이야기는 큰 구경거리였어요.

방정환이 어찌나 이야기를 실감 나게 했는지, 한번은 항해 중에 폭풍우를 만나 뒤집힌 배 이야기를 들은 소년이 온종일 울음을 멈추지 않았다고 해요. 이야기를 놓치지 않으려다 오줌을 싸는 사람도 많았다고 하지요.

또 이화 여자 보통학교에서 신데렐라 이야기를 할 때는 학생들뿐 아니라 선생님들까지 방정환의 이야기에 푹 빠져 눈물을 줄줄 흘렸어요. 신데렐라가 의붓어머니에게 혼나는 장면에서는 많은 학생들이 두 손으로 얼굴을 가리고 엉엉 울

방정환이 1922년 세계의 명작 동화들을 모아 출간한 『사랑의 선물』이에요.

1948년에 아동 문학가 윤석중이 글을 쓰고 작곡가 윤극영이 곡을 붙인 「어린이날 노래」는 어린이는 물론 어린이를 사랑하는 모든 사람들이 즐겨 부르는 노래가 되었어요.

었지요. 방정환은 우는 학생들을 말리지도, 이야기를 계속하지도 못한 채 한동안 멍하니 단상 위에 서 있었대요.

어린이날의 시작

1923년 방정환은 아동 문학가 마해송, 동요 작곡가 윤극영 등과 함께 어린이 문제를 연구하는 색동회를 만들었어요. 그리고 어린이들이 따뜻한 사랑 속에서 바르고 씩씩하게 자랄 수 있도록

5월 1일을 '어린이날'로 정해 기념식을 열었지요.

기념식이 끝난 뒤 천여 명의 어린이들과 어른들은 어린이날을 알리는 전단을 시내 곳곳에 뿌렸어요.

'어린이날의 약속'이라는 이름의 이 전단에는 어린이들과 어른들에게 당부하는 말이 담겨 있었어요. 어린이들을 위한 글에는 "돋는 해와 지는 해를 반드시 보기로 합시다. 어른에게는 물론이고 여러분들끼리도 서로 존대합시다. 꽃이나 풀을 꺾지 말고 동물을 사랑합시다……."라고 쓰여 있었어요. 또 어른들을 위한 글에는 "어린이를 가까이 하시어 자주 이야기하여 주시오. 어린이에게 경어를 쓰되 늘 보드랍게 하여 주시오……."라고 쓰여 있었지요.

어린이날은 1923년 5월 1일에 처음으로 기념 행사를 했어요. 1927년에 5월 첫 번째 일요일로 날짜가 바뀌었다가, 1945년 광복 이후부터 5월 5일이 되었지요. 1975년 어린이날이 공휴일로 정해진 뒤부터는 매년 어린이들을 위한 다양한 행사들이 열리고 있어요.

함께 보면 쏙쏙 이해되는 역사

◆ 1899년
한성(오늘날의 서울)에서 태어남.

◆ 1908년
소년 입지회를 조직함.

1890 | **1900**

● 1908년
작가 최남선이 우리나라 최초의 잡지 《소년》을 창간함.

◆ 1928년
세계 아동 예술 전람회를 치름.

◆ 1931년
33세의 나이로 세상을 떠남.

1925 | **1930**

● 1926년
작곡가 윤극영이 동요 작곡집 『반달』을 출간함.

● 1934년
조선 총독부의 탄압으로 《어린이》가 폐간됨.

◆ 방정환의 생애
● 일제 강점기 한국 아동 문학의 역사

◆ 1921년
'천도교 소년회'를 만들어 소년 운동을 펼침.

◆ 1923년
《어린이》를 창간함.
색동회를 만듦.
5월 1일을 어린이날로 정하고 기념식을 치름.

◆ 1919년
《조선독립신문》을 펴내다 일본 경찰에 체포됨.

1910   **1920**

● 1913년
최남선이 《아이들보이》, 《샛별》 등 여러 어린이 잡지를 창간함.

● 1923년
동화 작가 마해송이 우리나라 최초의 창작 동화 「바위나리와 아기별」을 《샛별》에 발표함.

추천사

「새싹 인물전」을 펴내면서

　요즈음 아이들에게 '훌륭한 사람'이 누구냐고 물으면 '돈 많이 버는 사람'이라고 대답한다고 합니다. 초등학생의 태반은 가수나 배우가 되고 싶어 하고요. 돈 많이 버는 사람이나 연예인이라는 직업이 나쁘다는 것이 아니라, 아이들이 각자가 갖고 있는 재능과는 상관없이 모두 똑같은 꿈을 갖는 것 같아 걱정입니다. 또 한편으로는 아이들이 진정 마음으로 닮고 싶은 사람에 대한 정보가 부족한 것은 아닌가 하는 생각도 듭니다.
　어릴수록 위인 이야기의 힘은 큽니다. 아직 어리고 조그마한 아이들은 자신이 보잘것없다고 생각하고 위인들의 성공에 감탄합니다. 하지만 그네들에게는 끝없이 열린 미래가 있습니다. 신화처럼 빛나는 위인들의 모습은 아이들에게 훌륭한 역할 모델이 되고, 그런 삶을 살기 위해 무엇을 어떻게 해야 할지를 알려 주는 밝은 등대가 됩니다.
　그렇다면 우리가 어른으로서 아이들에게 권해야 할 위인전은 무엇일까요? 보통 우리가 생각하는 '위인'은 훌륭한 업적을 남긴 위대한 사람, 멋지고 능력 있는 사람입니다. 하지만 시대가 변했으니 아이들이 역할 모델로 삼을 수 있는 위인의 정의나 기준도 변해야 할 것입니다.

그런 의미에서 비룡소의 「새싹 인물전」은 종래의 위인전과는 다른 점이 많습니다. 시리즈 이름이 '위인전'이 아닌 '인물전'이라는 데 주목하기 바랍니다. 「새싹 인물전」은 하늘에서 빛나는 위인을 옆자리 짝꿍의 위치로 내려놓습니다. 만화 같은 친근한 일러스트는 자칫 생소할 수 있는 옛사람들의 이야기를 일상에서 만날 수 있는 재미있는 사건처럼 보여 줍니다.

또 하나, 「새싹 인물전」에는 위인전에 단골로 등장하는 태몽이나 어린 시절의 비범한 에피소드, 위인 예정설 같은 과장이 없습니다. 사실 이런 이야기들은 현대를 사는 아이들에게는 황당하고 이해하기 힘든 일일 뿐입니다. 그보다는 천 리 길도 한 걸음부터, 큰 성공도 자잘한 일상의 인내와 성실함이 없었다면 이루어질 수 없었다는 것을 알려 주는 것이 중요합니다. 세상 사람들의 우러름을 받는 이들도 여느 아이들과 같은 시절을 겪었음을 보여 줌으로써, 아이들에게 괜한 열등감을 주지 않고 그네들의 모습을 마음속에 담을 수 있도록 해 주는 것입니다.

　덧붙여 위인전이란 그 인물이 얼마나 훌륭한 업적을 남겼는가 보여 주는 것도 중요하지만, 얼마나 참된 인간다움을 보였는가를 알려 줄 필요도 있습니다. 여기서 '인간다움'이란 기본적인 선함과 이해심, 남을 위해 봉사할 수 있는 사랑과 배려, 그리고 한 가지 목표를 설정하고 앞으로 나아갈 수 있는 의지와 용기를 말합니다. 성취라는 결과보다는 성취하기 위한 과정을 보여 주고, 사회적인 성공보다는 한 인간으로서 얼마나 자기 자신에게 철저하고 진실했는지를 보여 주는 것이 중요하다는 것입니다.

　하지만 아무리 좋은 가르침도 사랑과 따뜻함이 없으면 억누름과 상처가 될 뿐이겠지요. 「새싹 인물전」은 나의 노력과 의지에 따라 얼마든지 의미 있는 삶을 살 수 있음을 알려 줍니다. 내가 알고 있는 삶 외에도 또 다른 삶이 존재할 수 있다는 것, 꿈을 키우고 이루어 가는 과정에서 배우고 경험하게 되는 것들의 가치, 그런 따뜻함을 담고 있는 위인전입니다. 부디 이 책이 삶의 첫발을 내딛는 아이들에게 좋은 길잡이가 되었으면 하는 바람입니다.

기획 위원

박이문(전 연세대 교수, 철학)
장영희(전 서강대 교수, 영문학)
안광복(중동고 철학 교사, 철학 박사)

● 사진 제공

60쪽, 63~64쪽_ 한국 방정환 재단. 61쪽_ 중앙 포토. 62쪽_ 국립 한글 박물관.
65쪽_ 연합 뉴스.

글쓴이 유타루

전북 부안에서 태어나 한국 외국어 대학교 아프리카어과를 졸업했다. 『별이 뜨는 꽃담』으로 창원 아동 문학상과 송순 문학상을 받았다. 지은 책으로 『김홍도』, 『장영실』, 『촌수 박사 달찬이』, 『마법 식탁』 등이 있다.

그린이 이경석

부산에서 태어났다. 대학에서 시각 디자인을 공부했으며 지금은 만화를 그리고 어린이책에 그림을 그린다. 쓰고 그린 책으로 『을식이는 재수 없어』, 『전원교향곡』이 있으며, 그린 책으로 『퀴즈, GMO!』, 『난 노란 옷이 좋아!』, 『찾았다, 오늘이!』, 『최무선』, 『김구』 등이 있다.

새싹 인물전   방정환
021

1판 1쇄 펴냄 2009년 4월 27일   1판 15쇄 펴냄 2020년 5월 22일
2판 1쇄 펴냄 2021년 5월 28일   2판 4쇄 펴냄 2025년 6월 2일

글쓴이 유타루   그린이 이경석
펴낸이 박상희   편집장 전지선   편집 이지은   디자인 박연미, 지순진
펴낸곳 (주)비룡소   출판등록 1994.3.17. (제16-849호)
주소 06027 서울시 강남구 도산대로1길 62 강남출판문화센터 4층
전화 02)515-2000   팩스 02)515-2007   홈페이지 www.bir.co.kr
제품명 어린이용 각양장 도서   제조자명 (주)비룡소   제조국명 대한민국   사용연령 3세 이상

ⓒ 유타루, 이경석, 2009. Printed in Seoul, Korea

ISBN 978-89-491-2901-3 74990
ISBN 978-89-491-2880-1 (세트)

「새싹 인물전」 시리즈

- 001 **최무선** 김종렬 글 이경석 그림
- 002 **안네 프랑크** 해리엇 캐스터 글 헬레나 오웬 그림
- 003 **나운규** 남찬숙 글 유승하 그림
- 004 **마리 퀴리** 캐런 월리스 글 닉 워드 그림
- 005 **유일한** 임사라 글 김홍모·임소희 그림
- 006 **윈스턴 처칠** 해리엇 캐스터 글 린 윌리 그림
- 007 **김홍도** 유타루 글 김홍모 그림
- 008 **토머스 에디슨** 캐런 월리스 글 피터 켄트 그림
- 009 **강감찬** 한정기 글 이홍기 그림
- 010 **마하트마 간디** 에마 피시엘 글 리처드 모건 그림
- 011 **세종 대왕** 김선희 글 한지선 그림
- 012 **클레오파트라** 해리엇 캐스터 글 리처드 모건 그림
- 013 **김구** 김종렬 글 이경석 그림
- 014 **헨리 포드** 피터 켄트 글·그림
- 015 **장보고** 이옥수 글 원혜진 그림
- 016 **모차르트** 해리엇 캐스터 글 피터 켄트 그림
- 017 **선덕 여왕** 남찬숙 글 한지선 그림
- 018 **헬렌 켈러** 해리엇 캐스터 글 닉 워드 그림
- 019 **김정호** 김선희 글 서영아 그림
- 020 **로버트 스콧** 에마 피시엘 글 데이브 맥타가트 그림
- 021 **방정환** 유타루 글 이경석 그림
- 022 **나이팅게일** 에마 피시엘 글 피터 켄트 그림
- 023 **신사임당** 이옥수 글 변영미 그림
- 024 **안데르센** 에마 피시엘 글 닉 워드 그림
- 025 **김만덕** 공지희 글 장차현실 그림
- 026 **셰익스피어** 에마 피시엘 글 마틴 렘프리 그림
- 027 **안중근** 남찬숙 글 곽성화 그림
- 028 **카이사르** 에마 피시엘 글 레슬리 뷔시커 그림
- 029 **백남준** 공지희 글 김수박 그림
- 030 **파스퇴르** 캐런 월리스 글 레슬리 뷔시커 그림
- 031 **유관순** 유은실 글 곽성화 그림
- 032 **알렉산더 벨** 에마 피시엘 글 레슬리 뷔시커 그림
- 033 **윤봉길** 김선희 글 김홍모·임소희 그림
- 034 **루이 브라유** 테사 포터 글 헬레나 오웬 그림
- 035 **정약용** 김은미 글 홍선주 그림
- 036 **제임스 와트** 니컬라 백스터 글 마틴 렘프리 그림
- 037 **장영실** 유타루 글 이경석 그림
- 038 **마틴 루서 킹** 베르나 윌킨스 글 린 윌리 그림
- 039 **허준** 유타루 글 이홍기 그림
- 040 **라이트 형제** 김종렬 글 안희건 그림
- 041 **박에스더** 이은정 글 곽성화 그림
- 042 **주몽** 김종렬 글 김홍모 그림
- 043 **광개토 대왕** 김종렬 글 탁영호 그림
- 044 **박지원** 김종광 글 백보현 그림
- 045 **허난설헌** 김은미 글 유승하 그림
- 046 **링컨** 이명랑 글 오승민 그림
- 047 **정주영** 남경완 글 임소희 그림
- 048 **이호왕** 이영서 글 김홍모 그림
- 049 **어밀리아 에어하트** 조경숙 글 원혜진 그림
- 050 **최은희** 김혜연 글 한지선 그림
- 051 **주시경** 이은정 글 김혜리 그림
- 052 **이태영** 공지희 글 민은정 그림
- 053 **이순신** 김종렬 글 백보현 그림
- 054 **오드리 헵번** 이은정 글 정진희 그림
- 055 **제인 구달** 유은실 글 서영아 그림
- 056 **가브리엘 샤넬** 김선희 글 민은정 그림
- 057 **장 앙리 파브르** 유타루 글 하민석 그림
- 058 **정조 대왕** 김종렬 글 민은정 그림
- 059 **나폴레옹 보나파르트** 남찬숙 글 남궁선하 그림
- 060 **이종욱** 이은정 글 우지현 그림

| 061 | **박완서** 유은실 글 이윤희 그림
| 062 | **장기려** 유타루 글 정문주 그림
| 063 | **김대건** 전현정 글 홍선주 그림
| 064 | **권기옥** 강정연 글 오영은 그림
| 065 | **왕가리 마타이** 남찬숙 글 윤정미 그림
| 066 | **전형필** 김혜연 글 한지선 그림
| 067 | **이중섭** 김유 글 김홍모 그림
| 068 | **그레이스 호퍼** 박주혜 글 이해정 그림
| 069 | **석주명** 최은옥 글 이경석 그림
| 070 | **박자혜** 유은실 글 서영아 그림
| 071 | **전태일** 김유 글 박건웅 그림
| 072 | **스티븐 호킹** 성완 글 국민지 그림

* 계속 출간됩니다.